アルファベットの復習
大文字

JN111064

1 AからZまで歌を聞いてみましょう。
文字を順になぞった後、自分で2回書きましょう。

① 大文字［**エ**イ］

A

② 大文字［**ビ**ー］

B

③ 大文字［**スィ**ー］

C

④ 大文字［**ディ**ー］

D

⑤ 大文字［**イ**ー］

E

⑥ 大文字［**エ**フ］

F

⑦ 大文字［**ヂ**ー］

G

⑧ 大文字［**エ**イチ］

H

⑨ 大文字［**ア**イ］

I

⑩ 大文字［**ヂェ**イ］

J

⑪ 大文字［**ケ**イ］

K

⑫ 大文字［**エ**ル］

L

⑬ 大文字［**エ**ム］

M

⑭ 大文字［**エ**ン］

N

⑮ 大文字 [**オウ**]

O

⑯ 大文字 [**ピー**]

P

⑰ 大文字 [**キュー**]

Q

⑱ 大文字 [**アー**]

R

⑲ 大文字 [**エス**]

S

⑳ 大文字 [**ティー**]

T

㉑ 大文字 [**ユー**]

U

㉒ 大文字 [**ヴィー**]

V

㉓ 大文字 [**ダブリュー**]

W

㉔ 大文字 [**エックス**]

X

㉕ 大文字 [**ワイ**]

Y

㉖ 大文字 [**ズィー**]

Z

アルファベットには大文字と小文字が
あり、それぞれ 26 コずつあったね。

アルファベットを **書く** ときのポイント

この本では 4 本線を使って英語を書く練習をします。

▶アルファベットの正しい書き方を確かめましょう。

良い例	O	A a	B b	C c
悪い例	✕	A a	B b	C c
		とびだしている	文字にすき間があいている	線についていない

∩ ABC Song 歌詞の続き

Happy, happy, shall we be,
when we've learned our ABC's.

月 日 時 分〜 時 分

名前

1 a から z まで音声を聞きましょう。
文字を順になぞった後、自分で 2 回書きましょう。

① 小文字 [**エ**イ]

a

② 小文字 [**ビ**ー]

b

③ 小文字 [**ス**ィー]

c

④ 小文字 [**デ**ィー]

d

⑤ 小文字 [**イ**ー]

e

⑥ 小文字 [**エ**フ]

f

⑦ 小文字 [**ヂ**ー]

g

⑧ 小文字 [**エ**イチ]

h

⑨ 小文字 [**ア**イ]

i

⑩ 小文字 [**ヂェ**イ]

j

⑪ 小文字 [**ケ**イ]

k

⑫ 小文字 [**エ**ル]

l

⑬ 小文字 [**エ**ム]

m

⑭ 小文字 [**エ**ン]

n

a b c d e f g h i j k l m n o p q r s t u v w x y z

⑮ 小文字 [**オウ**]

o

⑯ 小文字 [**ピー**]

p

⑰ 小文字 [**キュー**]

q

⑱ 小文字 [**アー**]

r

⑲ 小文字 [**エス**]

s

⑳ 小文字 [**ティー**]

t

㉑ 小文字 [**ユー**]

u

㉒ 小文字 [**ヴィー**]

v

㉓ 小文字 [**ダブリュー**]

w

㉔ 小文字 [**エックス**]

x

㉕ 小文字 [**ワイ**]

y

㉖ 小文字 [**ズィー**]

z

4本線の中にきれいに
書くように練習しよう。

■ 英単語を書くときのポイント

英単語はアルファベットを組み合わせて書きます。

▶「犬」を表す dog を例にして正しい書き方を確かめましょう。

良い例	○	dog	
悪い例	✕	dog つまっている	d o g あきすぎている

英語の
ちしき
アルファベットの書き順に決まったものはありません。ここでは代表的な書き順を示しています。

3 生きもの (1)

❶ 単語と絵を見ながら、音声にそって、聞く、発音する練習をしましょう。

♪ Let's Chant!

①bear
［ベア］

②cat
［**キャット**］

③dog
［**ド(ー)グ**］

④elephant
［**エ**レファント］

⑤fish
［**フィッシ**］

⑥lion
［**ライオン**］

⑦monkey
［**マ**ンキィ］

⑧mouse
［**マ**ウス］

🎀 英検５級によくでる英単語

❷ 単語をなぞった後で、自分で２回書きましょう。

① 熊 ［ベア］　　🐷 ear は ［エア］ と発音するよ。

bear

② ねこ ［**キャット**］

cat

③ 犬 ［**ド(ー)グ**］

dog

④ 象 ［**エ**レファント］　　🐷 ph は ［フ］ と発音するよ。

elephant

⑤ 魚 [**フィッシ**]　🐟 sh [シ] は息だけて発音するよ。

fish

⑥ ライオン [**ラ**イオン]　✏️ r ではなく、l で始めるよ。

lion

⑦ さる [**マ**ンキィ]

monkey

⑧ はつかねずみ [**マ**ウス]　💡大きなネズミは rat [**ラット**] というよ。

mouse

3 ヒントの絵に合う単語を見つけて、例にならって○で囲みましょう。

例

c	l	d	o	g
a	n	f	j	g
t	l	i	o	n
s	i	s	l	b
h	d	h	j	m

ヒント
①
②
③

たてかよこから読んでみよう。

もっとおぼえよう　**生きものの英単語**

5級□ penguin[**ペング**ウィン] ペンギン　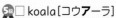5級□ horse[**ホー**ス] 馬　5級□ koala[コウ**アー**ラ] コアラ

4 生きもの (2)

① 単語と絵を見ながら、音声にそって、聞く、発音する練習をしましょう。

♪ Let's Chant!

① rabbit
[ラビット]

② panda
[パンダ]

③ bird
[バード]

④ butterfly
[バタフライ]

⑤ pig
[ピッグ]

⑥ tiger
[タイガァ]

⑦ giraffe
[ヂラフ]

⑧ spider
[スパイダァ]

⑤級 英検5級によくでる英単語

② 単語をなぞった後で、自分で2回書きましょう。

① うさぎ [ラビット]　✏ b を2つ続けて書くよ。

rabbit

② パンダ [パンダ]

panda

③ 鳥 [バード]　🐦 ir て [アー] と読むよ。

bird

④ ちょう [バタフライ]　🐦 [バ] を強く読むよ。

butterfly

7

⑤ ぶた [**ピッグ**]

pig

⑥ とら [**タ**イガァ]　🗣️ i は [アイ] と発音するよ。

tiger

⑦ きりん [ヂ**ラ**フ]　🗣️ [**ラ**] を強く読むよ。

giraffe

⑧ くも [ス**パ**イダァ]　✏️ dar ではなく、der と書くよ。

spider

③ 絵に合う英単語になるように、● と ● を線でつなぎましょう。

① 　•　　•　rab　•　　• da

② 　•　　•　pan　•　　• ger

③ 　•　　•　spi　•　　• bit

④ 　•　　•　ti　•　　• der

生きものの英単語
□ bee [**ビー**] みつばち　□ sheep [**シープ**] 羊　□ animal [**アニマル**] 動物

5 スポーツ

1 単語と絵を見ながら、音声にそって、聞く、発音する練習をしましょう。

♪ Let's Chant!

①soccer
[**サ**(ー)カァ]

②baseball
[**ベ**イスボール]

③basketball
[**バ**スケットボール]

④tennis
[**テ**ニス]

⑤badminton
[**バ**ドミントゥン]

⑥dodgeball
[**ダ**(ー)ッヂボール]

⑦volleyball
[**ヴァ**(ー)リボール]

⑧swimming
[**ス**ウィミング]

5級 英検5級によくでる英単語

2 単語をなぞった後で、自分で2回書きましょう。

① サッカー [**サ**(ー)カァ]　　✎ c を2つ続けて書くよ。

soccer

② 野球 [**ベ**イスボール]　　💡 base は「塁」という意味だよ。

baseball

③ バスケットボール [**バ**スケットボール]　　[バ] を強く読むよ。

basketball

④ テニス [**テ**ニス]

tennis

⑤ バドミントン [**バ**ドミントゥン]　🐦 [バ] を強く読むよ。

badminton

⑥ ドッジボール [**ダ**(ー)ッヂボール]　💡 dodge は「かわす」という意味だよ。

dodgeball

⑦ バレーボール [**ヴァ**(ー)リボール]　🐦 vo は [ヴァ(ー)] と発音するよ。

volleyball

⑧ 水泳 [ス**ウィ**ミング]　💡 swim は「泳ぐ」という意味だよ。

swimming

3 絵を見ながら、空いているところに文字を入れ、パズルを完成させましょう。

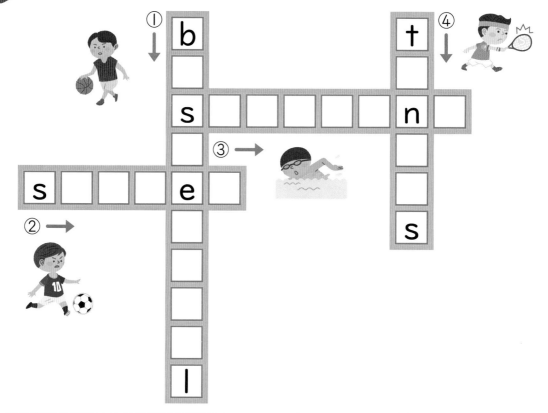

もっと
おぼえよう

スポーツの英単語
□ Olympic[オ**リ**ンピック] オリンピックの　□ table tennis[**テ**イブル テニス] たっ球　□ sport[ス**ポ**ート] スポーツ

6 色

❶ 単語と絵を見ながら、音声にそって、聞く、発音する練習をしましょう。

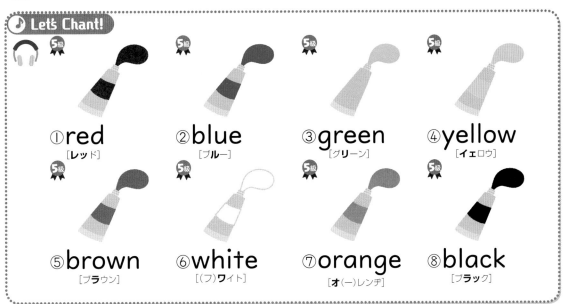

♪ Let's Chant!

①red
[レッド]

②blue
[ブルー]

③green
[グリーン]

④yellow
[イェロウ]

⑤brown
[ブラウン]

⑥white
[(フ)ワイト]

⑦orange
[オ(ー)レンヂ]

⑧black
[ブラック]

英検5級によくでる英単語

❷ 単語をなぞった後で、自分で2回書きましょう。

① 赤［レッド］

red

② 青［ブルー］　　ue は［ウー］と発音するよ。

blue

③ 緑［グリーン］　　e を2つ続けて書くよ。

green

④ 黄色［イェロウ］　　［イェ］を強く読むよ。

yellow

⑤ 茶色 ［ブ**ラ**ウン］

brown		

⑥ 白 ［(フ)**ワ**イト］　✏ h を書き忘れないように注意しよう。

white		

⑦ オレンジ色 ［**オ**(ー)レンヂ］

orange		

⑧ 黒 ［ブ**ラ**ック］

black		

3 例にならって、正しい英単語に直しましょう。

例
（赤）

~~r~~ed

red		

① （緑）

grean

② （黄色）

yellou

③ （オレンジ色）

orenge

色の英単語
5級 □ pink［ピンク］ピンク　5級 □ purple［パープル］むらさき色　5級 □ color［**カ**ラァ］色

7 からだ

月　日　　時　分〜　時　分

名前

❶ 単語と絵を見ながら、音声にそって、聞く、発音する練習をしましょう。

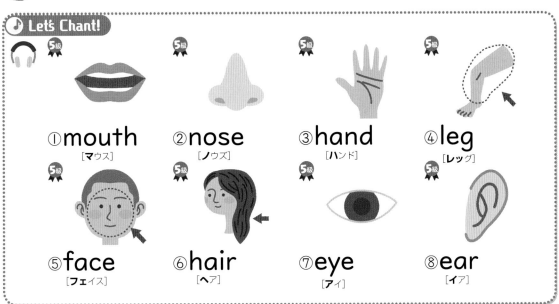

♪ Let's Chant!

①mouth [マウス]　②nose [ノウズ]　③hand [ハンド]　④leg [レッグ]

⑤face [フェイス]　⑥hair [ヘア]　⑦eye [アイ]　⑧ear [イア]

5級 英検5級によくでる英単語

❷ 単語をなぞった後で、自分で2回書きましょう。

① 口 [**マウス**]　　th は [ス] と発音するよ。

mouth

② 鼻 [**ノウズ**]　　s を z と書きまちがえないようにしよう。

nose

③ 手 [**ハンド**]

hand

④ あし [**レッグ**]　　ふとものつけ根から足首までを指すよ。

leg

⑤ 顔［**フェイス**］　✐［ス］は ce と書くよ。

face

⑥ かみの毛［**ヘア**］　🗣 air は［エア］と発音するよ。

hair

⑦ 目［**アイ**］

eye

⑧ 耳［**イア**］

ear

❸ 絵と日本語の意味に合うように、英単語を書きましょう。

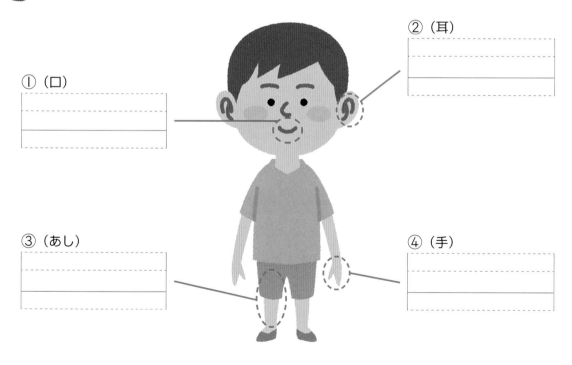

② （耳）

① （口）

③ （あし）

④ （手）

もっと おぼえよう　**からだの英単語**
5級□ head［**ヘッド**］頭　5級□ foot［**フット**］足　5級□ shoulder［**ショウルダァ**］かた

8 まとめのテスト1

月　日　目標時間 **15**分

名前

点

1 ①～④の音声を聞いて、読まれた単語に合う色を**ア～オ**の中から選びましょう。

(各8点)

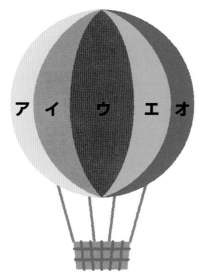

ア　イ　　ウ　　エ オ

①	
②	
③	
④	

2 ①～③について**ア～ウ**を聞いて、絵に合うものを○で囲みましょう。

(各6点)

①

（　**ア**　　**イ**　　**ウ**　）

②

（　**ア**　　**イ**　　**ウ**　）

③

（　**ア**　　**イ**　　**ウ**　）

3 読み方をヒントにして、（　　）の中の文字を並べかえ、右の絵に合う単語を作りましょう。

（各6点）

① (t , u , m , o , h) ［**マ**ウス］

② (a , k , l , b , c) ［ブ**ラ**ック］

③ (r , c , s , e , c , o) ［**サ**(ー)カァ］

④ (n , e , o , y , k , m) ［**マ**ンキィ］

4 絵と日本語の意味に合う英単語になるように、①・②には□に当てはまる文字を書き、③・④には単語を書きましょう。

（①②各6点、③④各7点）

①

（鳥）

b □ □ d

②

（顔）

f □ □ □

③

（テニス）

④

（白）

月　日	時　分〜　時　分
	名前

① 単語と絵を見ながら、音声にそって、聞く、発音する練習をしましょう。

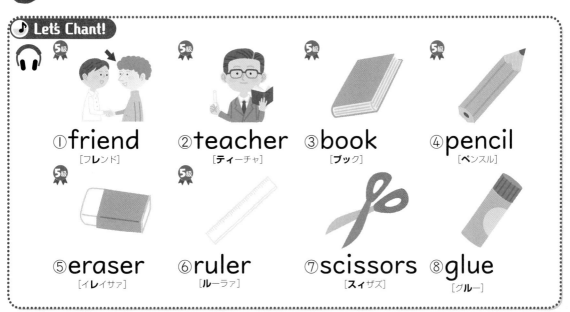

♪ Let's Chant!

①friend
［フレンド］

②teacher
［ティーチャ］

③book
［ブック］

④pencil
［ペンスル］

⑤eraser
［イレイサァ］

⑥ruler
［ルーラァ］

⑦scissors
［スィザズ］

⑧glue
［グルー］

5級 英検5級によくでる英単語

② 単語をなぞった後で、自分で2回書きましょう。

① 友人、友だち［フレンド］　rieで［レ］と読むよ。

friend

② 先生、教師［ティーチャ］

teacher

③ 本［ブック］　「ノート」は notebook［ノウトブック］というよ。

book

④ えん筆［ペンスル］　［ペンシル］とは読まないので注意。

pencil

⑤ 消しゴム［イ**レ**イサァ］　🔊最初の e は［イ］と発音するよ。

eraser

⑥ 定規［**ル**ーラァ］　✏ l ではなく、r で始めるよ。

ruler

⑦ はさみ［**ス**ィザズ］　✏最初と真ん中と最後、全部で 4 つの s があるよ。

scissors

⑧ のり［グ**ル**ー］　🔊 ue て［ウー］と読むよ。

glue

❸ 日本語の意味に合う英単語を、下の◌◌◌◌から選んで書きましょう。

① えん筆

② 本

③ 先生、教師

④ 友人、友だち

friend　　pencil　　book　　teacher

もっとおぼえよう　**学校の英単語**
5級 □ blackboard［ブラックボード］黒板　□ stapler［ステイプラァ］ホッチキス

| 月 | 日 | 時 | 分～ | 時 | 分 |

名前

10 学校 (2)

1 単語と絵を見ながら、音声にそって、聞く、発音する練習をしましょう。

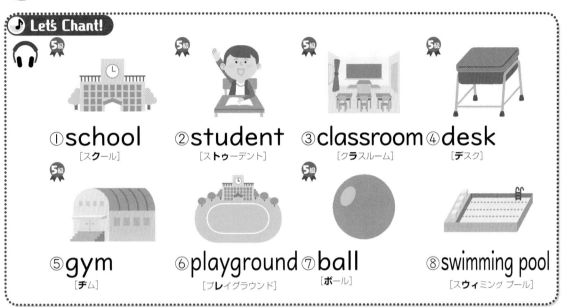

♪ Let's Chant!

①school
[スクール]

②student
[ストゥーデント]

③classroom
[クラスルーム]

④desk
[デスク]

⑤gym
[ヂム]

⑥playground
[プレイグラウンド]

⑦ball
[ボール]

⑧swimming pool
[スウィミング プール]

5級 英検5級によくでる英単語

2 単語をなぞった後で、自分で1～2回書きましょう。

① 学校 [スクール]　　oo で [ウー] と読むよ。

school

② 学生、生徒 [ストゥーデント]　　tu で [トゥ] と読むよ。

student

③ 教室 [クラスルーム]　　class は「クラス、授業」、room は「部屋」という意味だよ。

classroom

④ 机 [デスク]　　k を ku と書かないように気をつけよう。

desk

19

⑤ 体育館 [**ヂ**ム]　🗣 gy で [ヂ] と読むよ。

gym

⑥ 運動場 [プ**レ**イグラウンド]

playground

⑦ ボール [**ボ**ール]　✏️ a を o と書きまちがえないようにしよう。

ball

⑧ プール [ス**ウィ**ミング プール]　✏️ m を 2 つ続けて書くよ。

swimming pool

3　日本語と絵をヒントにして、□に文字を入れて単語を完成させましょう。

① ボール

b　ll

② 体育館

g

③ 教室

cl　s　ro　m

月 日	時 分〜 時 分
名前	

❶ 単語と絵を見ながら、音声にそって、聞く、発音する練習をしましょう。

♪ Let's Chant!

①Japanese ②math　③English　④social studies
[ヂャパ**ニー**ズ]　[**マ**ス]　[**イ**ングリッシ]　[**ソ**ウシャル スタディズ]

⑤science　⑥music　⑦home economics ⑧P.E.
[**サ**イエンス]　[**ミ**ューズィック]　[**ホ**ウム エコ**ナ**ミックス]　[ピーイー]

5級英検5級によくでる英単語

❷ 単語をなぞった後で、自分で1〜2回書きましょう。

① 国語、日本語 [ヂャパ**ニー**ズ]　 [ニ] を強く読むよ。

Japanese		

② 算数、数学 [**マ**ス]　 th は [ス] と発音するよ。

math		

③ 英語 [**イ**ングリッシ]　 E は大文字で書くよ。

English		

④ 社会科 [**ソ**ウシャル スタディズ]

social studies	

⑤ 理科 [**サ**イエンス]　✏ s の直後の c を書き忘れないように注意しよう。

science

⑥ 音楽 [**ミュ**ーズィック]　🔊 mu は [ミュー] と発音するよ。

music

⑦ 家庭科 [**ホ**ウム エコ**ナ**ミックス]

home economics

⑧ 体育 [ピー**イー**]　💡 P と E は physical education 「身体の教育」の頭文字だよ。

P.E.

❸ 時間割から①〜③の教科を探して、英語で書きましょう。

時間割

	月	火	水	木	金
1	算数	理科	英語	国語	英語
2	国語	英語	家庭科	算数	音楽
3	社会科	体育	算数	英語	国語

①	②	③
月曜の2時間目	水曜の3時間目	金曜の2時間目

もっと
おぼえよう
教科の英単語
□ calligraphy [カリグラフィ] 書道　□ arts and crafts [アーツ アンド クラフツ] 図画工作　□ subject [サブヂェクト] 教科

月　日　　時　分〜　時　分

名前

1 単語と絵を見ながら、音声にそって、聞く、発音する練習をしましょう。

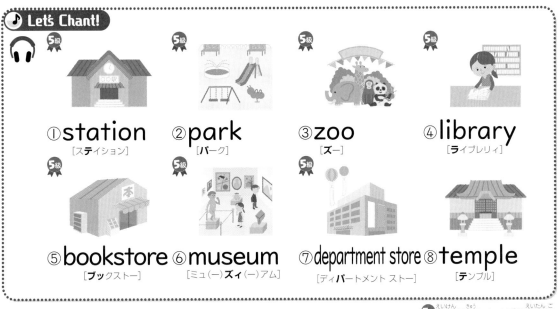

♪ Let's Chant!

①station
[ステイション]

②park
[パーク]

③zoo
[ズー]

④library
[ライブレリィ]

⑤bookstore
[ブックストー]

⑥museum
[ミュ(ー)ズィ(ー)アム]

⑦department store
[ディパートメント ストー]

⑧temple
[テンプル]

5級 英検5級によくでる英単語

2 単語をなぞった後で、自分で1〜2回書きましょう。

① 駅 [ステイション]　　tion で [ション] と読むよ。

station

② 公園 [パーク]　　ar で [アー] と読むよ。

park

③ 動物園 [ズー]　　o を2つ続けて書くよ。

zoo

④ 図書館 [ライブレリィ]

library

⑤ 本屋、書店 [ブックストー] 💡 book は「本」、store は「店」という意味だよ。

bookstore

⑥ 博物館、美術館 [ミュ（ー）ズィ（ー）アム] 🗨 [ズィ] を強く読むよ。

museum

⑦ デパート [ディパートメント ストー]

department store

⑧ 寺 [テンプル] ✏ 最後の e を書き忘れないように注意しよう。

temple

③ ①～③の人たちはどこに行くのでしょうか。□に文字を入れて英単語を完成させましょう。

① 動物を見に行きます。

z □ □

② 電車に乗ります。

s □ □ t □ n

③ 絵画を見に行きます。

□ us □ u □

もっとおぼえよう　街の英単語
5級 □ train[トゥレイン] 列車　5級 □ bus[バス] バス　5級 □ hotel[ホウテル] ホテル

月　日　時　分〜　時　分

名前

1 単語と絵を見ながら、音声にそって、聞く、発音する練習をしましょう。

♪ Let's Chant!

①hospital ②aquarium ③supermarket ④bridge
[ハ(ー)スピトゥル] [アクウェ(ア)リアム] [スーパマーケット] [ブリッヂ]

⑤convenience store ⑥restaurant ⑦post office ⑧bank
[コンヴィーニエンス ストー] [レストラント] [ポウスト ア(ー)フィス] [バンク]

5級 英検5級によくでる英単語

2 単語をなぞった後で、自分で1〜2回書きましょう。

① 病院 [**ハ**(ー)スピトゥル]　[ホスピタル] とは読まないので注意。

hospital

② 水族館 [アク**ウェ**(ア)リアム]　qu で [ク] と読むよ。

aquarium

③ スーパーマーケット [**スー**パマーケット]

supermarket

④ 橋 [ブ**リッヂ**]　d を書き忘れないように注意しよう。

bridge

25

⑤ コンビニエンスストア ［コン**ヴィ**ーニエンス ストー］　🎧 [ヴィ] を強く読むよ。

convenience store

⑥ レストラン ［**レ**ストラント］　✏ tau のつづりに注意しよう。

restaurant

⑦ 郵便局 ［**ポ**ウスト ア(ー)フィス］　💡 post は「郵便」という意味だよ。

post office

⑧ 銀行 ［**バ**ンク］

bank

❸ 　□　内のカードを組み合わせて、①〜④の日本語に合う英単語を
作りましょう。

① 橋

② 郵便局

③ スーパーマーケット

④ 病院

hos	market	office	super
dge	pital	bri	post

月　日　　目標時間 **15**分

名前

点

1 ①～③について**ア～ウ**を聞いて、絵に合うものを○で囲みましょう。

(各6点)

①

（　　ア　　　イ　　　ウ　　）

②

（　　ア　　　イ　　　ウ　　）

③

（　　ア　　　イ　　　ウ　　）

2 ①～④の音声を聞いて、読まれた単語に合う絵を**ア～オ**の中から選びましょう。

(各8点)

ア　　　　　　イ　　　　　　ウ　　　　　　エ　　　　　　オ

①		②		③		④	

3 左の単語の意味を表す日本語を線でつなぎましょう。　　　　(各5点)

① P.E. ・　　　　　　　　・ 先生、教師

② bridge ・　　　　　　　・ 図書館

③ library ・　　　　　　　・ 体育

④ teacher ・　　　　　　　・ 橋

4 絵と日本語の意味に合う英単語になるように、①～④には□に当てはまる
文字を書き、⑤・⑥には単語を書きましょう。　　　　(各5点)

①
(動物園)

□oo

②
(音楽)

m□s□c

③
(友人、友だち)

f□i□nd

④
(学校)

sc□o□l

⑤
(公園)

⑥
(算数、数学)

月　日　｜　時　分〜　時　分

名前

1 単語と絵を見ながら、音声にそって、聞く、発音する練習をしましょう。

♪ Let's Chant!

①cabbage ②lettuce ③potato ④tomato
[**キャ**ベヂ]　　[**レ**タス]　　[ポ**テイ**トウ]　　[ト**メイ**トウ]

⑤mushroom ⑥corn ⑦bean ⑧spinach
[**マッ**シル(ー)ム]　[**コー**ン]　　[**ビー**ン]　　[ス**ピ**ネッチ]

5級 英検5級によくでる英単語

2 単語をなぞった後で、自分で2回書きましょう。

① キャベツ ［**キャ**ベヂ］　　ca で［キャ］と読むよ。

cabbage

② レタス ［**レ**タス］　　t を2つ続けて書くよ。

lettuce

③ じゃがいも ［ポ**テイ**トウ］　　［ポテト］とは読まないので注意。

potato

④ トマト ［ト**メイ**トウ］　　［トマト］とは読まないので注意。

tomato

⑤ きのこ ［**マ**ッシル(ー)ム］　🗨 ［マ］を強く読むよ。

mushroom

⑥ とうもろこし ［**コ**ーン］　✏ k ではなく、c で始めるよ。

corn

⑦ 豆 ［**ビ**ーン］　🗨 ea は ［イー］と発音するよ。

bean

⑧ ホウレンソウ ［ス**ピ**ネッチ］

spinach

❸ ヒントの絵に合う単語を見つけて、例にならって〇で囲みましょう。

例

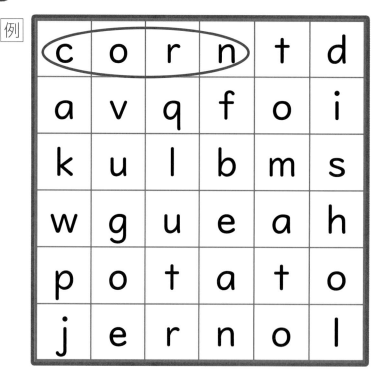

c	o	r	n	t	d
a	v	q	f	o	i
k	u	l	b	m	s
w	g	u	e	a	h
p	o	t	a	t	o
j	e	r	n	o	l

ヒント

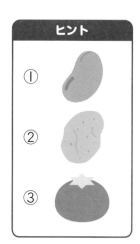

①
②
③

もっと
おぼえよう

野菜の英単語

5級 □ carrot［**キャ**ロット］にんじん　5級 □ cucumber［**キュ**ーカンバァ］きゅうり　□ vegetable［**ヴェヂ**タブル］野菜

月 日	時 分〜 時 分
名前	

16 くだもの 果物

1 単語と絵を見ながら、音声にそって、聞く、発音する練習をしましょう。

♪ Let's Chant!

①apple [**ア**プル]

②strawberry [ストゥ**ロー**ベリィ]

③banana [バ**ナ**ナ]

④peach [**ピ**ーチ]

⑤pineapple [**パ**イナプル]

⑥grape [グ**レ**イプ]

⑦melon [**メ**ロン]

⑧orange [**オ**(ー)レンヂ]

5級 英検5級によくでる英単語

2 単語をなぞった後で、自分で2回書きましょう。

① りんご [**ア**プル]

apple

② いちご [ストゥ**ロー**ベリィ] 　　raw で［ロー］と読むよ。

strawberry

③ バナナ [バ**ナ**ナ] 　　1つ目の［ナ］を強く読むよ。

banana

④ もも [**ピ**ーチ] 　　［イー］は ea と書くよ。

peach

⑤ パイナップル [**パ**イナプル]　🐷 [パ] を強く読むよ。

pineapple		

⑥ ぶどう [グ**レ**イプ]

grape		

⑦ メロン [**メ**ロン]

melon		

⑧ オレンジ [**オ**(ー)レンヂ]　💡「オレンジ色」という意味もあるよ。

orange		

③ 絵に合う英単語になるように、●と●を線でつなぎましょう。

① 🍎　●　　● gra ●　　● ange

② 🍈　●　　● ap ●　　● on

③ 🍇　●　　● or ●　　● ple

④ 🍊　●　　● mel ●　　● pe

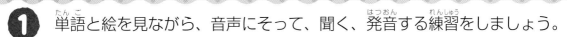

17 食事／飲み物 (1)

しょくじ／飲み物 (1)

| 月　日 | 時　分〜　時　分 |
| 名前 | |

❶ 単語と絵を見ながら、音声にそって、聞く、発音する練習をしましょう。

♪ Let's Chant!

①hamburger ②pizza ③spaghetti ④steak
[ハンバーガァ]　[ピーツァ]　[スパゲティ]　[スティク]

⑤salad ⑥noodles ⑦soup ⑧omelet
[サラッド]　[ヌードゥルズ]　[スープ]　[ア(ー)ムレット]

5級 英検5級によくでる英単語

❷ 単語をなぞった後で、自分で2回書きましょう。

① ハンバーガー ［ハンバーガァ］

hamburger

② ピザ ［ピーツァ］ 🖊 z を 2 つ続けて書くよ。

pizza

③ スパゲッティ ［スパゲティ］

spaghetti

④ ステーキ ［スティク］ 🍪 ea は ［エイ］ と発音するよ。

steak

33

⑤ サラダ ［**サ**ラッド］　　✏️ d を da と書かないように気をつけよう。

salad		

⑥ ヌードル ［**ヌ**ードゥルズ］　　✏️ o を2つ続けて書くよ。

noodles		

⑦ スープ ［**ス**ープ］　　🍴 ou で ［ウー］ と読むよ。

soup		

⑧ オムレツ ［**ア**（ー）ムレット］

omelet		

❸ 絵に合う英単語を書いて、メニューを完成させましょう。

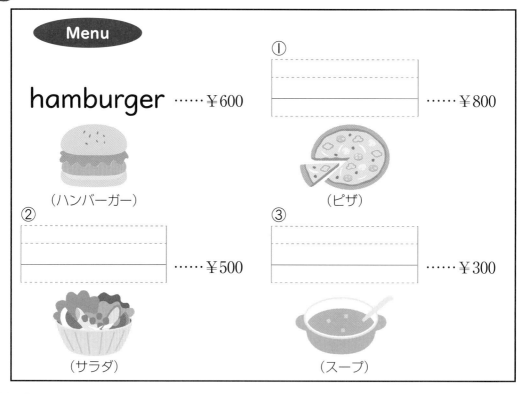

Menu

hamburger ……¥600
（ハンバーガー）

① _____ ……¥800
（ピザ）

② _____ ……¥500
（サラダ）

③ _____ ……¥300
（スープ）

もっと
おぼえよう
食事／飲み物の英単語
5級 □ sandwich［**サ**ン（ド）ウィッチ］ サンドイッチ　　5級 □ rice［**ラ**イス］ 米、ご飯　　5級 □ food［**フ**ード］ 食べ物

1 単語と絵を見ながら、音声にそって、聞く、発音する練習をしましょう。

♪ Let's Chant!

①tea [ティー]

②coffee [コ(ー)フィ]

③milk [ミルク]

④ice cream [アイス クリーム]

⑤orange juice [オ(ー)レンヂ ヂュース]

⑥pudding [プディング]

⑦cake [ケイク]

⑧chocolate [チョークレット]

5級 英検5級によくでる英単語

2 単語をなぞった後で、自分で2回書きましょう。

① 茶、紅茶 [ティー]　● eaで [イー] と読むよ。

tea

② コーヒー [コ(ー)フィ]　✏ fを2つ、eも2つ続けて書くよ。

coffee

③ 牛乳 [ミルク]

milk

④ アイスクリーム [アイス クリーム]

ice cream

⑤ オレンジジュース ［**オ**(ー)レンヂ **ヂュ**ース］

orange juice

⑥ プリン ［**プ**ディング］

pudding

⑦ ケーキ ［**ケ**イク］　🗨 a は［エイ］と、ke は［ク］と発音するよ。

cake

⑧ チョコレート ［**チョ**ークレット］　🗨［チョ］を強く読むよ。

chocolate

3

例にならって、正しい英単語に直しましょう。

例
（チョコレート）

chocolat~~e~~

chocolate

①
（紅茶）

tee

②
（ケーキ）

caki

③
（コーヒー）

koffee

もっと
おぼえよう

食事／飲み物の英単語

5級□ water［**ウォー**タァ］水　　5級□ egg［**エ**ッグ］卵　　5級□ yogurt［**ヨ**ウガト］ヨーグルト

月 日 | 時 分〜 時 分
名前

1 単語と絵を見ながら、音声にそって、聞く、発音する練習をしましょう。

♪ Let's Chant!

①mountain ②river ③sea ④beach
[マウントゥン] [リヴァ] [スィー] [ビーチ]

⑤lake ⑥camping ⑦hiking ⑧fishing
[レイク] [キャンピング] [ハイキング] [フィッシング]

5級 英検5級によくでる英単語

2 単語をなぞった後で、自分で2回書きましょう。

① 山［マウントゥン］ 🐣ou で［アウ］と読むよ。

mountain

② 川［リヴァ］ ✏️［ヴァ］は ver と書くよ。e を a と書かないように注意しよう。

river

③ 海［スィー］ 💡広い「海」には ocean［オウシャン］ともいうよ。

sea

④ 海辺［ビーチ］

beach

⑤ 湖 [レイク]　🗣ke て [ク] と読むよ。

lake

⑥ キャンプ [キャンピング]

camping

⑦ ハイキング [ハイキング]　🗣hi は [ハイ] と発音するよ。

hiking

⑧ 魚つり [フィッシング]

fishing

③ ヒントの絵を見ながら、空いているところに文字を入れ、パズルを完成させましょう。

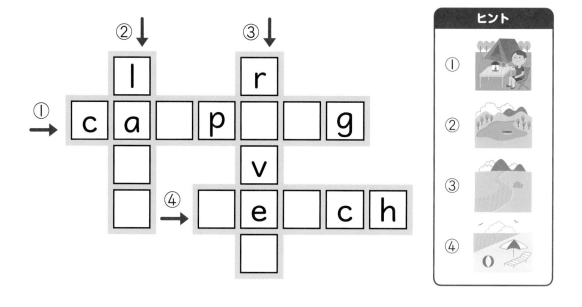

もっと
おぼえよう　**自然の英単語**
🎖□ sky [スカイ] 空　🎖□ sun [サン] 太陽　🎖□ moon [ムーン] （天体の）月

	月　　日	もくひょうじかん 目標時間 **15**分
名前		
		点

20 まとめのテスト3

1 ①〜④の音声を聞いて、読まれた単語に合う絵を**ア**〜**オ**の中から選びましょう。

 (各8点)

ア 　イ 　ウ

①	
②	
③	
④	

エ 　オ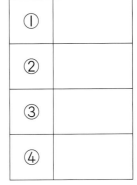

2 ①〜③について**ア**〜**ウ**を聞いて、絵に合うものを○で囲みましょう。

 (各6点)

①

（　　ア　　イ　　　ウ　　）

②

（　　ア　　イ　　　ウ　　）

③

（　　ア　　イ　　　ウ　　）

3 しりとりになるように、①〜④の□に文字を書きましょう。 (各6点)

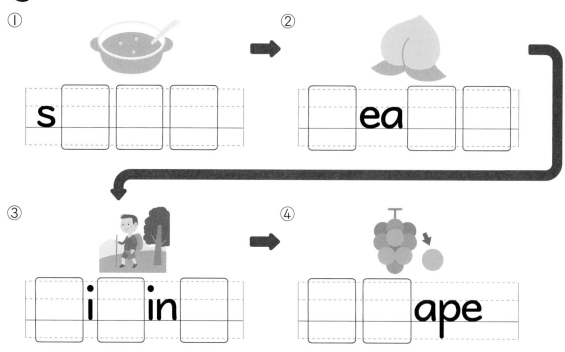

① s ☐ ☐ ☐

② ☐ ea ☐ ☐

③ ☐ i ☐ in ☐

④ ☐ ☐ ape

4 絵と日本語の意味に合う英単語になるように、①・②には□に当てはまる文字を書き、③・④には単語を書きましょう。

(①②各6点、③④各7点)

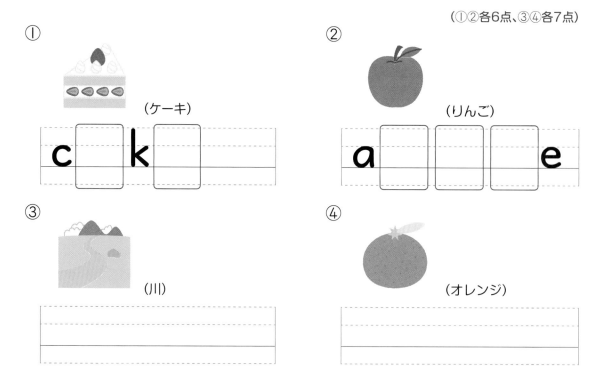

① (ケーキ)

c ☐ k ☐

② (りんご)

a ☐ ☐ e

③ (川)

④ (オレンジ)

月　日　　時　分〜　時　分

名前

1 単語と絵を見ながら、音声にそって、聞く、発音する練習をしましょう。

♪ Let's Chant!

①father [ファーザァ]
②mother [マザァ]
③brother [ブラザァ]
④sister [スィスタァ]
⑤grandfather [グラン(ド)ファーザァ]
⑥grandmother [グラン(ド)マザァ]
⑦uncle [アンクル]
⑧aunt [アント]

5級 英検5級によくでる英単語

2 単語をなぞった後で、自分で2回書きましょう。

① 父 [**ファー**ザァ]　　fa は [ファー] とのばして発音するよ。

father

② 母 [**マ**ザァ]　　[マ] は mo と書くことに気をつけよう。

mother

③ 兄、弟 [ブ**ラ**ザァ]　　the は [ザ] と発音するよ。

brother

④ 姉、妹 [**スィ**スタァ]

sister

⑤ 祖父 [グ**ラン**(ド)ファーザァ]　🔊 [ラ] の部分を強く読むよ。

grandfather

⑥ 祖母 [グ**ラン**(ド)マザァ]　🔊 [ラ] の部分を強く読むよ。

grandmother

⑦ おじ [**ア**ンクル]　✏️最後の e を書き忘れないように注意しよう。

uncle

⑧ おば [**ア**ント]

aunt

❸ ①～③を表す英単語を、下の▯から選んで書きましょう。

(祖父)

① _____

② _____

③ _____

(母)

(兄) ③

自分

mother　　　sister　　　father　　　grandmother
grandfather　　　brother

 家族の英単語

5級☐ child [**チャイ**ルド] 子ども　5級☐ parent [**ペ**(ア)レント] 親　5級☐ family [**ファ**ミリィ] 家族

22 仕事

月 日	時 分～ 時 分
名前	

1 単語と絵を見ながら、音声にそって、聞く、発音する練習をしましょう。

♪ Let's Chant!

①doctor [ダ(ー)クタァ]
②pilot [パイロット]
③soccer player [サ(ー)カァ プレイア]
④police officer [ポリース ア(ー)フィサァ]
⑤florist [フロ(ー)リスト]
⑥vet [ヴェット]
⑦baker [ベイカァ]
⑧singer [スィンガァ]

5級 英検5級によくでる英単語

2 単語をなぞった後で、自分で1～2回書きましょう。

① 医者 [ダ(ー)クタァ]　　[ダ] を強く読むよ。

doctor

② パイロット [パイロット]　　pi は [パイ] と発音するよ。

pilot

③ サッカー選手 [サ(ー)カァ プレイア]　　player は「選手」という意味だよ。

soccer player

④ 警察官、警官 [ポリース ア(ー)フィサァ]　　poli は [ポリー] とのばして発音するよ。

police officer

⑤ 花屋［フ**ロ**(ー)リスト］

florist

⑥ じゅう医［**ヴェット**］

vet

⑦ パン職人［**ベイカァ**］　💡bake［ベイク］は「〜を焼く」という意味だよ。

baker

⑧ 歌手［**スィ**ンガァ］　💡er は「〜する人」という意味を表しているよ。

singer

❸ 例にならって、正しい英単語に直しましょう。

例
（じゅう医）
bet
vet

①
（パン職人）
beker

②
（歌手）
singar

③
（医者）
docter

 仕事の英単語
5級 □nurse［**ナース**］看護師　□farmer［**ファーマァ**］農場経営者　□clerk［**クラーク**］事務員、店員

23 形

月 日	時 分〜 時 分
名前	

1 単語と絵を見ながら、音声にそって、聞く、発音する練習をしましょう。

♪ Let's Chant!

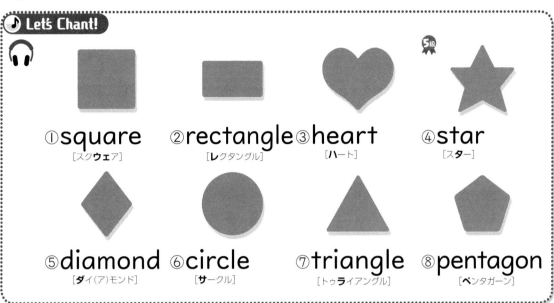

①square
[スク**ウェ**ア]

②rectangle
[**レ**クタングル]

③heart
[**ハ**ート]

④star
[ス**ター**]

⑤diamond
[**ダ**イ(ア)モンド]

⑥circle
[**サー**クル]

⑦triangle
[トゥ**ラ**イアングル]

⑧pentagon
[**ペ**ンタガーン]

🎀英検5級によくでる英単語

2 単語をなぞった後で、自分で2回書きましょう。

① 正方形 [スク**ウェ**ア]   🗨 [スクエア] とは読まないので注意。

square		

② 長方形 [**レ**クタングル]   🗨 [レ] を強く読むよ。

rectangle		

③ ハート形 [**ハ**ート]   ✏ [アー] は ear と書くよ。

heart		

④ 星 [ス**ター**]

star		

⑤ ひし形、ダイヤ ［ダイ(ア)モンド］　　🗣 ［ダ］を強く読むよ。

diamond

⑥ 丸 ［サークル］　　✏ ［サー］は cir と書くよ。

circle

⑦ 三角形 ［トゥライアングル］　　🗣 ［ラ］を強く読むよ。

triangle

⑧ 五角形 ［ペンタガーン］

pentagon

❸ 日本語と絵をヒントにして、□に文字を入れて単語を完成させましょう。

① 星

s □ □ r

② ハート形

□ e □ t

③ 丸

□ □ □ cle

もっと
おぼえよう
形の英単語
□ oval［オゥヴァル］ だ円　□ line［ライン］線　□ shape［シェイプ］形

24 国

1 単語と絵を見ながら、音声にそって、聞く、発音する練習をしましょう。

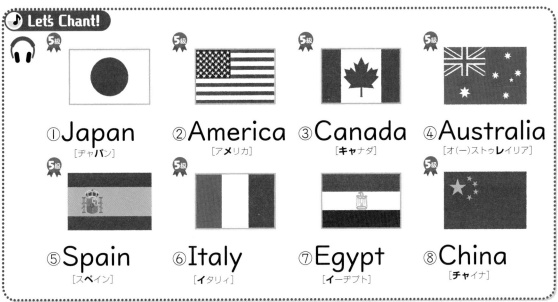

♪ Let's Chant!

①Japan
[ヂャ**パ**ン]

②America
[ア**メ**リカ]

③Canada
[**キャ**ナダ]

④Australia
[オ(ー)ストゥ**レ**イリア]

⑤Spain
[ス**ペ**イン]

⑥Italy
[**イ**タリィ]

⑦Egypt
[**イ**ーヂプト]

⑧China
[**チャ**イナ]

5級 英検5級によくでる英単語

2 単語をなぞった後で、自分で2回書きましょう。

① 日本 [ヂャ**パ**ン]　💡国の名前は大文字で始めるよ。

Japan

② アメリカ合衆国 [ア**メ**リカ]

America

③ カナダ [**キャ**ナダ]　[カナダ] とは読まないので注意。

Canada

④ オーストラリア [オ(ー)ストゥ**レ**イリア]　[レ] を強く読むよ。

Australia

⑤ スペイン ［スペイン］　　🗣 ai は ［エイ］ と発音するよ。

Spain

⑥ イタリア ［**イ**タリィ］　　✏ ［リィ］ は ly と書くよ。

Italy

⑦ エジプト ［**イ**ーヂプト］　　🗣 ［エジプト］ とは読まないので注意。

Egypt

⑧ 中国 ［**チャ**イナ］　　✏ ［チャイ］ は Chi と書くよ。

China

3 絵に合う英単語になるように、● と ● を線でつなぎましょう。

① 　●　　●　Chi　●　　●　nada

② 　●　　●　Ame　●　　●　pan

③ 　●　　●　Ja　●　　●　na

④ 　●　　●　Ca　●　　●　rica

もっと
おぼえよう　　**国の英単語**
🎖□ India［**イ**ンディア］ インド　🎖□ France［**フ**ランス］ フランス　🎖□ country［**カ**ントゥリィ］ 国

25 気候 きこう

1 単語と絵を見ながら、音声にそって、聞く、発音する練習をしましょう。

♪ Let's Chant!

①sunny
[サニィ]

②rainy
[レイニィ]

③cloudy
[クラウディ]

④snowy
[スノウイ]

⑤windy
[ウィンディ]

⑥hot
[ハ(ー)ット]

⑦cold
[コウルド]

⑧dry
[ドゥライ]

5級英検5級によくでる英単語

2 単語をなぞった後で、自分で2回書きましょう。

① 晴れの［サニィ］ ✏ u を a と書かないように注意。

sunny

② 雨の［レイニィ］ ai は［エイ］と発音するよ。

rainy

③ くもった［クラウディ］ ou は［アウ］と発音するよ。

cloudy

④ 雪の降る、雪の多い［スノウイ］ 💡 snow は「雪」という意味だよ。

snowy

⑤ 風の強い［**ウィ**ンディ］　💡wind は「風」という意味だよ。

windy		

⑥ 暑い、熱い［**ハ**(ー)ット］　✏o を a と書かないように注意。

hot		

⑦ 寒い、冷たい［**コ**ウルド］　🗨o は［オウ］と発音するよ。

cold		

⑧ かわいた［ドゥ**ラ**イ］

dry		

❸ ヒントの絵に合う単語を見つけて、例にならって○で囲みましょう。

例

d	r	y	s	f
b	a	g	e	a
o	i	h	c	k
s	n	o	w	y
i	y	t	j	n

ヒント
①
②
③

表現を使おう｜**天気のたずね方**
天気は How's the weather?［**ハ**ウズ ザ **ウェ**ザァ］でたずねます。

月	日	目標時間 **15**分

名前

点

1 ①〜④の音声を聞いて、読まれた単語に合う形を**ア〜オ**の中から選びましょう。 (各8点)

ア イ ウ

エ オ

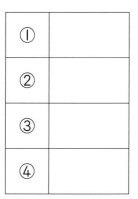

①	
②	
③	
④	

2 ①〜③について**ア〜ウ**を聞いて、絵に合うものを○で囲みましょう。 (各6点)

①

（　ア　　イ　　　ウ　）

②

（　ア　　イ　　　ウ　）

③

（　ア　　イ　　　ウ　）

3 読み方をヒントにして、（　　）の中の文字を並べかえ、右の絵に合う単語を作りましょう。
(各6点)

① (a , t , r , s) [ス**タ**ー]

② (n , u , n , y , s) [**サ**ニィ]

③ (r , h , m , e , t , o) [**マ**ザァ]

④ (n , r , s , e , g , i) [**ス**ィンガァ]

4 絵と日本語の意味に合う英単語になるように、①・②には□に当てはまる文字を書き、③・④には単語を書きましょう。
(①②各6点、③④各7点)

①

（スペイン）

Sp□□n

②

（くもった）

c□o□dy

③

（医者）

④

（父）

月	日	時	分～	時	分
名前					

27 曜日

1 単語と絵を見ながら、音声にそって、聞く、発音する練習をしましょう。

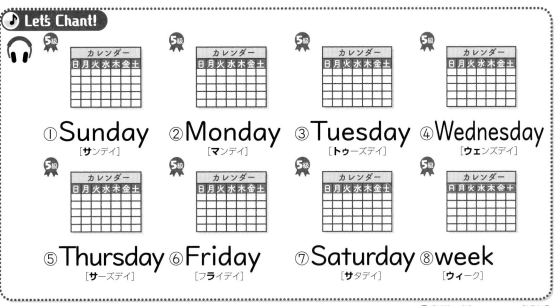

♪ Let's Chant!

① Sunday ［**サン**デイ］
② Monday ［**マン**デイ］
③ Tuesday ［**トゥー**ズデイ］
④ Wednesday ［**ウェン**ズデイ］
⑤ Thursday ［**サー**ズデイ］
⑥ Friday ［**フ**ライデイ］
⑦ Saturday ［**サ**タデイ］
⑧ week ［**ウィー**ク］

5級英検5級によくでる英単語

2 単語をなぞった後で、自分で2回書きましょう。

① 日曜日［**サン**デイ］　💡曜日は大文字で始めるよ。

Sunday

② 月曜日［**マン**デイ］　✏ Mon を Man と書かないように注意。

Monday

③ 火曜日［**トゥー**ズデイ］　s は［ズ］と発音するよ。

Tuesday

④ 水曜日［**ウェン**ズデイ］　d は発音しないよ。

Wednesday

53

⑤ 木曜日 ［**サ**ーズデイ］

Thursday

⑥ 金曜日 ［フ**ラ**イデイ］　　🌙 ［ラ］を強く読むよ。

Friday

⑦ 土曜日 ［**サ**タデイ］　　🌙 ［サ］を強く読むよ。

Saturday

⑧ 週 ［**ウィ**ーク］　　✏️ e を 2 つ続けて書くよ。

week

❸ 日本語の意味に合う英単語を、下の▢▢▢から選んで書きましょう。

① 日曜日

② 金曜日

③ 木曜日

④ 週

| week | Sunday | Friday | Thursday |

表現を使おう　**曜日のたずね方**
What day is it today? ［(フ)**ワット** デイ イズ **イット** トゥ**デイ**］ で「今日は何曜日？」。

月　日　　時　分〜　時　分

名前

❶ 単語と絵を見ながら、音声にそって、聞く、発音する練習をしましょう。

♪ Let's Chant!

①January
［ヂャニュエリィ］

②February
［フェビュエリィ］

③March
［マーチ］

④April
［エイプリル］

⑤May
［メイ］

⑥June
［ヂューン］

⑦July
［ヂュライ］

⑧August
［オーガスト］

5級英検5級によくでる英単語

❷ 単語をなぞった後で、自分で2回書きましょう。

① 1月［ヂャニュエリィ］　💡月の単語は大文字で始めるよ。

January

② 2月［フェビュエリィ］　✏ bの直後のrを書き忘れないように注意しよう。

February

③ 3月［マーチ］　arは［アー］と発音するよ。

March

④ 4月［エイプリル］　［エ］を強く読むよ。

April

55

⑤ 5月 ［**メイ**］

May

⑥ 6月 ［**ヂューン**］

June

⑦ 7月 ［**ヂュライ**］　💬 ［ラ］を強く読むよ。

July

⑧ 8月 ［**オ**ーガスト］　✏️ ［ガ］は gu と書くよ。

August

3 日本語と絵をヒントにして、□に文字を入れて単語を完成させましょう。

① 6月

J □ □ e

② 3月

□ a □ ch

③ 8月

□ ug □ □ t

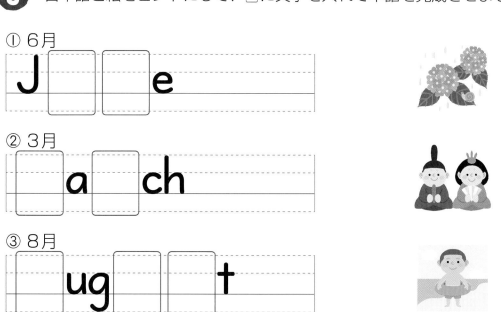

月	日	時	分〜	時	分

名前

1 単語と絵を見ながら、音声にそって、聞く、発音する練習をしましょう。

♪ Let's Chant!

①September [セプ**テン**バァ]
②October [ア(ー)ク**トゥ**バァ]
③November [ノウ**ヴェン**バァ]
④December [ディ**セン**バァ]
⑤spring [スプ**リ**ング]
⑥summer [**サ**マァ]
⑦fall [**フォール**]
⑧winter [**ウィ**ンタァ]

5級英検5級によくでる英単語

2 単語をなぞった後で、自分で2回書きましょう。

① 9月 [セプ**テン**バァ] 💡月の単語は大文字で始めるよ。

September

②10月 [ア(ー)ク**トゥ**バァ] [ト]を強く読むよ。

October

③11月 [ノウ**ヴェン**バァ]

November

④12月 [ディ**セン**バァ] [セン]を強く読むよ。

December

⑤ 春 ［スプ**リ**ング］

spring

⑥ 夏 ［**サ**マァ］ ✏ m を 2 つ続けて書くよ。

summer

⑦ 秋 ［**フォ**ール］ 💡「秋」は autumn ［**オ**ータム］ともいうよ。

fall

⑧ 冬 ［**ウィ**ンタァ］

winter

3 絵に合う英単語になるように、● と ● を線でつなぎましょう。

①  ● ● win ● ● ring

②  ● ● sum ● ● ber

③ ● ● sp ● ● mer

④ ● ● Octo ● ● ter

30 気持ち／様子
きも／ようす

❶ 単語と絵を見ながら、音声にそって、聞く、発音する練習をしましょう。
たんご　　　　　　　　　　　　　　はつおん　れんしゅう

♪ Let's Chant!

①happy
[ハピィ]

②fine
[ファイン]

③sleepy
[スリーピィ]

④hungry
[ハングリィ]

⑤tired
[タイアド]

⑥sad
[サッド]

⑦good
[グッド]

⑧nice
[ナイス]

5級 英検5級によくでる英単語
えいけん きゅう　　　　　えいたんご

❷ 単語をなぞった後で、自分で2回書きましょう。

① 幸福な［ハピィ］　✐ p を2つ続けて書くよ。
こうふく　　　　　　　　　　　　　つづ

happy

② 元気で［ファイン］　i は［アイ］と発音するよ。

fine

③ ねむい［スリーピィ］

sleepy

④ 空腹の［ハングリィ］　✐ u を a と書かないように注意。
くうふく　　　　　　　　　　　　　　　　　　ちゅうい

hungry

⑤ つかれた［**タ**イアド］　😋ti は［**タイ**］と発音するよ。

tired		

⑥ 悲しい［**サッ**ド］

sad		

⑦ 良い［**グッ**ド］

good		

⑧ すてきな［**ナイス**］　✏️［ス］は ce と書くよ。

nice		

❸ ヒントの絵を見ながら、空いているところに文字を入れ、パズルを完成させましょう。

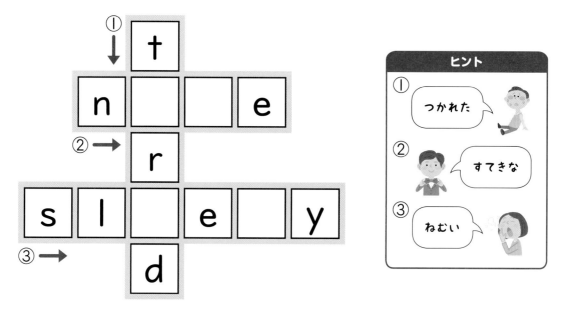

① ↓
t
① つかれた

② →
n　　　e
r
② すてきな

③ →
s　l　　e　　y
d
③ ねむい

表現を使おう　調子のたずね方
「元気ですか？」とたずねるときは、How are you?［**ハウ アー ユー**］を使います。

31 性質／状態

せいしつ　じょうたい

① 単語と絵を見ながら、音声にそって、聞く、発音する練習をしましょう。

♪ Let's Chant!

①long
［ロ（ー）ング］

②short
［ショート］

③new
［ヌー］

④old
［オウルド］

⑤big
［ビッグ］

⑥small
［スモール］

⑦beautiful
［ビューティフル］

⑧friendly
［フレンドリィ］

5級 英検5級によくでる英単語

② 単語をなぞった後で、自分で2回書きましょう。

① 長い ［ロ（ー）ング］　　［ロ］を強く読むよ。

long

② 短い、背の低い ［ショート］　　orは［オー］と発音するよ。

short

③ 新しい ［ヌー］　　wをuと書かないように注意。

new

④ 古い、年とった ［オウルド］　　oは［オウ］と発音するよ。

old

⑤ 大きい、年上の [**ビッグ**]　💨 [ビック] とは読まないので注意。

big

⑥ 小さい [ス**モ**ール]　✏️最後に l を続けて2つ書くよ。

small

⑦ 美しい [**ビュ**ーティフル]

beautiful

⑧ 親しい [フ**レ**ンドリィ]　💡 friend [フレンド] は「友人、友だち」という意味だよ。

friendly

3 読み方と絵をヒントにして、□に文字を入れて単語を完成させましょう。

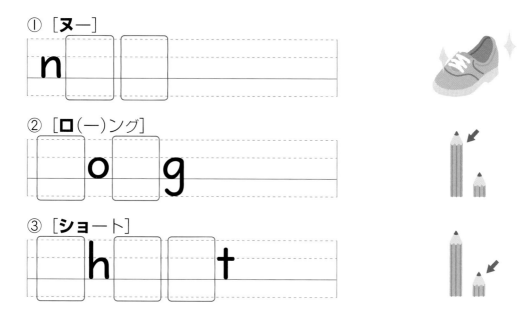

① [**ヌ**ー]

n

② [**ロ**(ー)ング]

o　g

③ [**ショ**ート]

h　t

62　もっとおぼえよう

性質／状態の英単語
5級 □ tall [**ト**ール] 背の高い、高い　5級 □ cute [**キュ**ート] かわいい　□ quiet [ク**ワイ**エット] 静かな

名前

点

1 ①〜③について**ア〜ウ**を聞いて、絵に合うものを○で囲みましょう。

(各6点)

①

（　**ア**　　**イ**　　**ウ**　）

②

（　**ア**　　**イ**　　**ウ**　）

③

（　**ア**　　**イ**　　**ウ**　）

2 ①〜④の音声を聞いて、読まれた単語に合う絵を**ア〜オ**の中から選びましょう。

(各8点)

ア　　　　　**イ**　　　　　**ウ**　　　　　**エ**　　　　　**オ**

①		②		③		④	

3 読み方をヒントにして、（　　）の中の文字を並べかえ、右の絵に合う単語を作りましょう。
（各8点）

① (c , e , n , i)［**ナ**イス］

② (p , y , h , p , a)［**ハ**ピィ］

③ (o , t , s , h , r)［ショート］

④ (i , y , a , r , F , d)［フ**ラ**イデイ］

4 しりとりになるように、□に文字を書きましょう。
（各6点）

① （春）　s r n

② （良い）　oo

③ （12月）　e em er

月　日　　時　分〜　時　分

名前

① 単語と絵を見ながら、音声にそって、聞く、発音する練習をしましょう。

♪ Let's Chant!

①like
[ライク]

②want
[ワ(ー)ント]

③see
[スィー]

④play
[プレイ]

⑤buy
[バイ]

⑥enjoy
[インヂョイ]

⑦have
[ハヴ]

⑧eat
[イート]

5級 英検5級によくでる英単語

② 単語をなぞった後で、自分で2回書きましょう。

① 好きである [ライク]　　i は [アイ] と発音するよ。

like		

② 欲しい [ワ(ー)ント]　　a を o と書きまちがえないようにしよう。

want		

③ 見える、見る [スィー]　　e を2つ続けて書くよ。

see		

④ 遊ぶ、演奏する [プレイ]

play		

⑤ 買う［**バイ**］　🍓buy は［アイ］と発音するよ。

buy		

⑥ 楽しむ［イン**ヂョ**イ］　🍓［ヂョ］を強く読むよ。

enjoy		

⑦ 持つ、持っている［**ハヴ**］

have		

⑧ 食べる［**イ**ート］　🍓ea で［イー］と読むよ。

eat		

3 ヒントの絵を見ながら、空いているところに文字を入れ、パズルを完成させましょう。

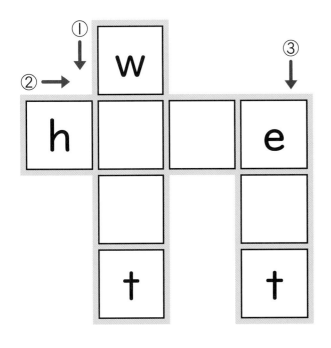

ヒント
① 欲しい
② 持つ
③ 食べる

もっとおぼえよう

動作の英単語
🎗□ read［**リード**］読む　🎗□ try［**トゥライ**］試す、試みる　🎗□ study［**スタ**ディ］勉強する

34 動作(2)

月 日　時 分〜 時 分

名前

❶ 単語と絵を見ながら、音声にそって、聞く、発音する練習をしましょう。

♪ Let's Chant!

①sing [スィング]　②speak [スピーク]　③dance [ダンス]　④jump [ヂャンプ]

⑤walk [ウォーク]　⑥run [ラン]　⑦swim [スウィム]　⑧drink [ドゥリンク]

5級英検5級によくでる英単語

❷ 単語をなぞった後で、自分で2回書きましょう。

① 歌う [**スィ**ング]　si で [スィ] と読むよ。

sing

② 話す [ス**ピ**ーク]　[ピー] は pea と書くよ。

speak

③ おどる [**ダ**ンス]

dance

④ とぶ、とび上がる [**ヂャ**ンプ]　um で [ァン] と読むよ。

jump

67

⑤ 歩く［**ウォ**ーク］　🗨 al で［オー］と読むよ。

walk

⑥ 走る［**ラン**］　✏ l ではなく、r で始めるよ。

run

⑦ 泳ぐ［ス**ウィ**ム］

swim

⑧ 飲む［ドゥ**リ**ンク］

drink

③ ヒントの絵に合う単語を見つけて、例にならって○で囲みましょう。

例

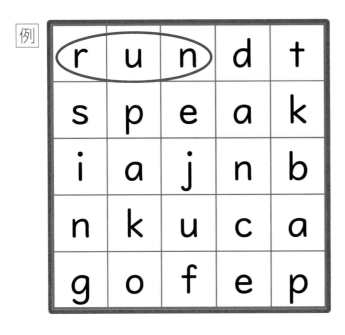

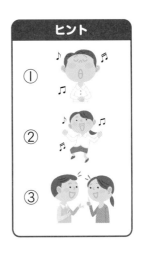

もっと おぼえよう　**動作の英単語**　5級□ write［**ライト**］書く　5級□ make［**メイク**］作る　5級□ use［**ユーズ**］使う

月　日　　時　分～　時　分

名前

1 英語と絵を見ながら、音声にそって、聞く、発音する練習をしましょう。

♪ Let's Chant!

①wake up
[ウェイク アップ]

②wash my face
[ワ(ー)ッシ マイ フェイス]

③go to school
[ゴウ トゥー スクール]

④watch TV
[ワ(ー)ッチ ティーヴィー]

⑤go home
[ゴウ ホウム]

⑥do my homework
[ドゥ マイ ホウムワーク]

⑦take a bath
[テイク ア バス]

⑧go to bed
[ゴウ トゥー ベッド]

5級 英検5級によくでる英語

2 英語をなぞった後で、自分で2回書きましょう。

① 目が覚める [ウェイク アップ]

wake up

② 顔を洗う [ワ(ー)ッシ マイ フェイス]　💡 wash は「洗う」、face は「顔」という意味だよ。

wash my face

③ 学校へ行く [ゴウ トゥー スクール]　💡 school は「学校」という意味だよ。

go to school

④ テレビを見る [ワ(ー)ッチ ティーヴィー]　✏ TV「テレビ」は大文字で書くよ。

watch TV

⑤ 家に帰る [**ゴウ ホウム**] 💡 home は「家（に）」という意_み味だよ。

go home

⑥ 宿題_{しゅくだい}をする [**ドゥ** マイ **ホウムワーク**] 💡 do は「〜をする」という意味だよ。

do my homework

⑦ ふろに入る [**テイク ア バス**]

take a bath

⑧ ねる [**ゴウ トゥー ベッド**] 💡 bed は「ベッド」という意味だよ。

go to bed

3 絵_えに合う英語_{いご}になるように、●と●を線でつなぎましょう。

① 　•　　•　wake　•　　•　home

② 　•　　•　go　•　　•　TV

③ 　•　　•　watch　•　　•　up

絵と単語_{たんご}を線でつなごう。

  一日の生活ですることの英語
🎀5級☐ stand up [スタンド **アップ**] 立ち上がる　🎀5級☐ sit down [スィット **ダウン**] 着席_{ちゃくせき}する　🎀5級☐ look at [ルック アト] 〜を見る

月　日　　時　分〜　時　分

名前

① 英語と絵を見ながら、音声にそって、聞く、発音する練習をしましょう。

🎵 Let's Chant!

① Hello.
[ヘ**ロ**ウ]

② Goodbye.
[グッド**バイ**]

③ Good morning.
[グッ**モ**ーニング]

④ Good afternoon.
[グダフタ**ヌ**ーン]

⑤ Thank you.
[**サ**ンキュー]

⑥ You're welcome.
[**ユ**ア **ウェ**ルカム]

⑦ I'm sorry.
[アイム **サ**(ー)リィ]

⑧ Excuse me.
[イクス**キュ**ーズ ミー]

5級 英検5級によくでる英語

② 英語をなぞった後で、自分で1〜2回書きましょう。

① こんにちは。[ヘ**ロ**ウ]　　😋 [ハロー] とは読まないので注意しよう。

Hello.

② さようなら。[グッド**バイ**]　　😋 [バ] を強く読むよ。

Goodbye.

③ おはよう。[グッ**モ**ーニング]　　💡 morning は「朝、午前」という意味だよ。

Good morning.

④ こんにちは。[グダフタ**ヌ**ーン]　　💡 afternoon は「午後」という意味だよ。

Good afternoon.

71

⑤ ありがとう。[**サン**キュー]　✎ [サ] は tha と書くよ。

Thank you.

⑥ どういたしまして。[**ユ**ア **ウェ**ルカム]　💡You're は You are の短縮形だよ。

You're welcome.

⑦ ごめんなさい。[アイム **サ**(ー)リィ]　✎ sorry は r を2つ続けて書くよ。

I'm sorry.

⑧ 失礼します。[イクス**キュー**ズ ミー]

Excuse me.

❸ 　　　内のカードを組み合わせて、①～③の日本文に合う英文を作りましょう。

① ありがとう。

・

② どういたしまして。

・

③ おはよう。

・

| welcome |
| you |
| morning |
| Thank |
| Good |
| You're |

あいさつ・表現のことば
5級 □I see.[アイ スィー] なるほど。わかりました。　5級 □Of course.[オフ コース] もちろん。　□Good luck.[グッド ラック] 幸運をいのります。

37 まとめのテスト6

1 ①〜④の音声を聞いて、読まれた英語に合う絵を**ア〜オ**の中から選びましょう。

🎧 (各8点)

ア （とぶ、とび上がる）　イ （楽しむ）　ウ （おはよう。）

エ （顔を洗う）　オ （ねる）

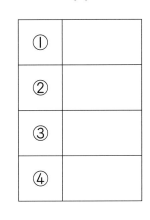

①	
②	
③	
④	

2 ①〜③について**ア〜ウ**を聞いて、絵に合うものを〇で囲みましょう。

🎧 (各6点)

①

（歌う）　　　　（　ア　イ　ウ　）

②

（買う）　　　　（　ア　イ　ウ　）

③

（ごめんなさい。）　（　ア　イ　ウ　）

3 日本語の意味に合うように、_____に英語を書きましょう。 (各8点)

<今日の予定>

7:30	① 学校へ行く
15:30	② 宿題をする
19:00	③ テレビを見る
20:00	④ ふろに入る

① _____ to _____

② _____ my homework

③ _____ TV

④ _____ a _____

4 例にならって、正しい英語に直しましょう。 (各6点)

例
(見える、見る)

seアa

see

① (走る)

ran

_____

② (欲しい)

wont

_____

③ (ありがとう。)

Sank you.

_____ .

38 数(1)

1 単語を見ながら、音声にそって、聞く、発音する練習をしましょう。

♪ Let's Chant!

🎧
①one
5級 [ワン]

②two
5級 [トゥー]

③three
5級 [スリー]

④four
5級 [フォー]

⑤five
5級 [ファイブ]

⑥six
5級 [スィックス]

⑦seven
5級 [セヴン]

⑧eight
5級 [エイト]

⑨nine
5級 [ナイン]

⑩ten
5級 [テン]

5級 英検5級によくでる英単語

2 単語をなぞった後で、自分で2回書きましょう。

① 1 [ワン]

one

② 2 [トゥー]

two

③ 3 [スリー]　✏ [ス] は th と書くよ。

three

④ 4 [フォー]　✏ u を書き忘れないように注意しよう。

four

⑤ 5 [ファイヴ]　🔊 i は [アイ] と発音するよ。

five

⑥ 6 [**スィックス**] 🗨 x は［クス］と発音するよ。

six

⑦ 7 [**セヴン**]

seven

⑧ 8 [**エイト**] 🗨 gh は発音しないよ。

eight

⑨ 9 [**ナイン**] ✏最後の e を書き忘れないように気をつけよう。

nine

⑩ 10 [**テン**]

ten

3 絵の数字に合う単語を［＿＿＿］から選んで書きましょう。

① 5 ＿＿＿＿＿

② 7 ＿＿＿＿＿

③ 3 ＿＿＿＿＿

seven nine

three five

表現を使おう **数の表現**(1)
1+2=3 は、One plus two is three.[ワン プラス トゥー イズ スリー] と読みます。引き算は、− minus[マイナス] を使います。

数 (2)

1 単語を見ながら、音声にそって、聞く、発音する練習をしましょう。

♪ Let's Chant!

🎧
① **eleven**　[イ**レ**ヴン]
② **twelve**　[トゥ**ウェ**ルヴ]
③ **thirteen**　[サー**ティ**ーン]
④ **fourteen**　[フォー**ティ**ーン]

⑤ **fifteen**　[フィフ**ティ**ーン]
⑥ **sixteen**　[スィクス**ティ**ーン]
⑦ **seventeen**　[セヴン**ティ**ーン]
⑧ **eighteen**　[エイ**ティ**ーン]

⑨ **nineteen**　[ナイン**ティ**ーン]
⑩ **twenty**　[トゥ**ウェ**ンティ]

🎀 **5級**英検5級によくでる英単語

2 単語をなぞった後で、自分で2回書きましょう。

① 11 [イ**レ**ヴン]　😋 [レ] を強く読むよ。

eleven		

② 12 [トゥ**ウェ**ルヴ]

twelve		

③ 13 [サー**ティ**ーン]　✏️ 13 から 19 までは teen がつくよ。

thirteen		

④ 14 [フォー**ティ**ーン]　✏️ 4 のつづりに teen をつけるよ。

fourteen		

⑤ 15 [フィフ**ティ**ーン]　😋 [ティ] を強く読むよ。

fifteen		

⑥ 16 ［スィクス**ティー**ン］ 🖉 6 のつづりに teen をつけるよ。

sixteen

⑦ 17 ［セヴン**ティー**ン］ 🖉 7 のつづりに teen をつけるよ。

seventeen

⑧ 18 ［エイ**ティー**ン］

eighteen

⑨ 19 ［ナイン**ティー**ン］ 🖉 9 のつづりに teen をつけるよ。

nineteen

⑩ 20 ［トゥ**ウェ**ンティ］ 💡 ty は 10 の倍数を表すよ。

twenty

3 次の計算の答えを ［　　　　］ から選んで書きましょう。

① 18+2 = ＿＿＿＿＿

② 3×5 = ＿＿＿＿＿

③ 12−1 = ＿＿＿＿＿

eleven　sixteen
fifteen　twenty

表現を
使おう　**数の表現** (2)
数がいくつかたずねるときは How many? ［**ハウ メ**ニィ］ を使います。

月　日　　時　分～　時　分

名前

① 単語を見ながら、音声にそって、聞く、発音する練習をしましょう。

♪ Let's Chant!

🎧 ①twenty-one ②thirty ③forty ④fifty
　　[トゥ**ウェ**ンティ**ワ**ン] 5級 [**サ**ーティ] 5級 [**フォ**ーティ] 5級 [**フィ**フティ]

　　⑤sixty ⑥seventy ⑦eighty ⑧ninety
5級 [**ス**ィクスティ] 5級 [**セ**ヴンティ] 5級 [**エ**イティ] 5級 [**ナ**インティ]

　　⑨one hundred ⑩one thousand
5級 [**ワ**ン **ハ**ンドゥレッド] 5級 [**ワ**ン **サ**ウザンド]

5級英検5級によくでる英単語

② 単語をなぞった後で、自分で1～2回書きましょう。

①21 [トゥ**ウェ**ンティ**ワ**ン] 💡 21、22... などの数は十の位と一の位の数をハイフンでつなぐよ。

twenty-one

②30 [**サ**ーティ] ✏ 20 から 90 までの 10 の倍数には ty がつくよ。

thirty

③40 [**フォ**ーティ] ✏ for を four と書かないように注意。

forty

④50 [**フィ**フティ]

fifty

⑤60 [**ス**ィクスティ] ✏ 6 のつづりに ty をつけるよ。

sixty

79

⑥ 70 [**セ**ヴンティ]　✏ 7のつづりに ty をつけるよ。

seventy

⑦ 80 [**エ**イティ]　🔊 [エ] を強く読むよ。

eighty

⑧ 90 [**ナ**インティ]　✏ 9のつづりに ty をつけるよ。

ninety

⑨ 100 [**ワン ハ**ンドゥレッド]　✏ hun を han と書かないように注意。

one hundred

⑩ 1000 [**ワン サ**ウザンド]　🔊 thou は [サウ] と発音するよ。

one thousand

3 例にならって、正しい英単語に直しましょう。

例　　　(60)

~~sixti~~

sixty

① 　　　(30)

tharty

② 　　　(70)

sevunty

③ 　　　(1000)

one thouzand

数の英単語
□ zero[**ズィ**(ア)ロウ] ゼロ　□ one million[**ワン ミ**リョン] 100万　🎀□ number[**ナ**ンバァ] 数

41 順番（1）

月 日　時 分〜 時 分

名前

1 単語を見ながら、音声にそって、聞く、発音する練習をしましょう。

🎵 **Let's Chant!**

🎧 ①**first** [ファースト]　②**second** [セカンド]　③**third** [サード]　④**fourth** [フォース]

⑤**fifth** [フィフス]　⑥**sixth** [スィックスス]　⑦**seventh** [セヴンス]　⑧**eighth** [エイス]

⑨**ninth** [ナインス]　⑩**tenth** [テンス]

5級 英検5級によくでる英単語

2 単語をなぞった後で、自分で2回書きましょう。

① 1番目［ファースト］　💡順番の英単語は日付を表すときにも使うよ。

first

② 2番目［セカンド］　💨［セ］を強く読むよ。

second

③ 3番目［サード］　✏️［サー］は thir と書くよ。

third

④ 4番目［フォース］　✏️4 のつづりに th をつけるよ。

fourth

⑤ 5番目［フィフス］

fifth

81

⑥ 6番目 [**スィ**ックスス]　✏ 6 のつづりに th をつけるよ。

sixth

⑦ 7番目 [**セ**ヴンス]　✏ 7 のつづりに th をつけるよ。

seventh

⑧ 8番目 [**エ**イス]

eighth

⑨ 9番目 [**ナ**インス]　✏ [ナイン] のところを nine と書かないように。e はつけないよ。

ninth

⑩ 10番目 [**テ**ンス]　✏ 10 のつづりに th をつけるよ。

tenth

3 左の単語の意味を表す日本語を線でつなぎましょう。

① ninth ・　　　　　・ 2番目

② fifth ・　　　　　・ 4番目

③ fourth ・　　　　　・ 9番目

④ first ・　　　　　・ 5番目

⑤ second ・　　　　　・ 1番目

英語の ちしき　順番を表すことばの書き方
順番を表すことばは、1st, 2nd, 3rd, 4th … のように、数字を使って略して書くこともあります。

 42 順番 (2)

❶ 単語を見ながら、音声にそって、聞く、発音する練習をしましょう。

♪ Let's Chant!

🎧 ①eleventh ②twelfth ③thirteenth ④fourteenth
[イレヴンス] [トゥウェルフス] [サーティーンス] [フォーティーンス]

⑤fifteenth ⑥twentieth ⑦twenty-first ⑧twenty-second
[フィフティーンス] [トゥウェンティエス] [トゥウェンティファースト] [トゥウェンティセカンド]

⑨thirtieth ⑩fortieth
[サーティエス] [フォーティエス]

英検5級によくでる英単語

❷ 単語をなぞった後で、自分で1〜2回書きましょう。

① 11番目 [イレヴンス]　🖊 11のつづりに th をつけるよ。

eleventh

② 12番目 [トゥウェルフス]　🖊 twelve「12」とはつづりがちがうので注意。

twelfth

③ 13番目 [サーティーンス]　🖊 13 のつづりに th をつけるよ。

thirteenth

④ 14番目 [フォーティーンス]　🖊 14 のつづりに th をつけるよ。

fourteenth

⑤ 15番目 [フィフティーンス]　🖊 15 のつづりに th をつけるよ。

fifteenth

⑥ 20番目 [トゥ**ウェ**ンティエス]　✐ twenty「20」の ty を tie にかえて th をつけるよ。

twentieth

⑦ 21番目 [トゥ**ウェ**ンティ **ファ**ースト]　💡twenty「20」と1番目をハイフンでつなぐよ。

twenty-first

⑧ 22番目 [トゥ**ウェ**ンティ **セ**カンド]　💡twenty「20」と2番目をハイフンでつなぐよ。

twenty-second

⑨ 30番目 [**サ**ーティエス]　✐ thirty「30」の ty を tie にかえて th をつけるよ。

thirtieth

⑩ 40番目 [**フォ**ーティエス]　✐ forty「40」の ty を tie にかえて th をつけるよ。

fortieth

3 絵に合う英単語になるように、● と ● を線でつなぎましょう。

① 🚩30 ●　　● twenty ●　　● nth

② 🚩12 ●　　● thir ●　　● fth

③ 🚩15 ●　　● fiftee ●　　● -first

④ 🚩21 ●　　● twel ●　　● tieth

順番の英単語 じゅんばん
□ fiftieth[**フィ**フティエス] 50番目　□ sixtieth[**ス**ィクスティエス] 60番目　□ order[**オ**ーダァ] 順番

1 ①～④について**ア**～**ウ**を聞いて、絵に合うものを○で囲みましょう。

(各6点)

①
2
（　**ア**　　**イ**　　**ウ**　）

②
21
（　**ア**　　**イ**　　**ウ**　）

③
14
（　**ア**　　**イ**　　**ウ**　）

④
100
（　**ア**　　**イ**　　**ウ**　）

2 ①～④の音声を聞いて、読まれた単語に合う日付を**ア**～**オ**の中から選びましょう。

(各7点)

日	月	火	水	木	金	土
	1	2	3	ア 4	5	6
7	8	イ 9	10	11	12	13
14	15	16	17	18	19	ウ 20
エ 21	22	23	24	25	26	27
28	29	オ 30	31			

①		②		③		④	

3 次の計算の答えを ☐ から選んで書きましょう。　　　　　(各7点)

①
$$1+2=\underline{\hspace{3cm}}$$

②
$$3+5=\underline{\hspace{3cm}}$$

③
$$20-3=\underline{\hspace{3cm}}$$

④
$$5\times8=\underline{\hspace{3cm}}$$

| eight seventeen three forty |

4 ☐に文字を入れて、①～④の名前の子のかけっこの順番を英語にしましょう。　　　　　(各5点)

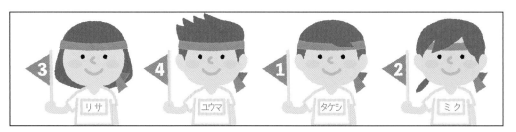

① リサ

| t | | i | | d | |

② ユウマ

| | o | | rt | |

③ タケシ

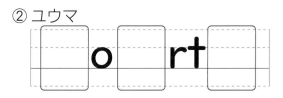

| | | rs | |

④ ミク

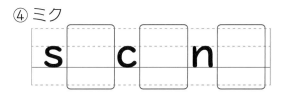

| s | | c | | n | |

86

44 しあげのテスト1

1 ①〜④の音声を聞いて、読まれた単語に合う絵を**ア〜オ**の中から選びましょう。（各8点）

ア 　　**イ** 　　**ウ**

エ 　　**オ**

①	
②	
③	
④	

2 ①〜③について**ア〜ウ**を聞いて、絵に合うものを○で囲みましょう。（各6点）

①

（　　**ア**　　**イ**　　**ウ**　　）

②

（　　**ア**　　**イ**　　**ウ**　　）

③

（　　**ア**　　**イ**　　**ウ**　　）

3 読み方をヒントにして、（　　）の中の文字を並_{なら}べかえ、右の絵に合う単語_{たんご}を作りましょう。

(各_{かく}5点)

① （ k , m , i , l ）[ミルク]

② （ a , b , h , e , c ）[ビーチ]

③ （ s , m , c , u , i ）[ミューズィック]

④ （ r , a , g , e , n , o ）[オ(ー)レンヂ]

4 絵を見ながら、空いているところに文字を入れ、パズルを完成_{かんせい}させましょう。

(各6点)

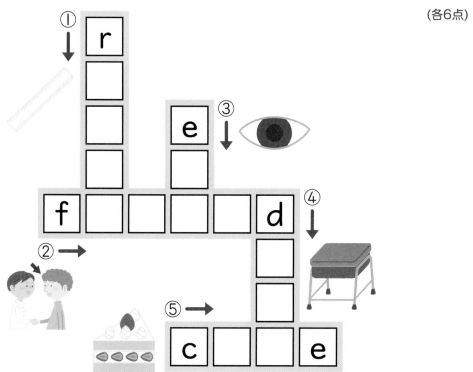

88

1 ①〜④について**ア**〜**ウ**を聞いて、絵に合うものを○で囲みましょう。

(各6点)

① 　（ **ア　イ　ウ** ）

② 　（ **ア　イ　ウ** ）

③ 　（ **ア　イ　ウ** ）

④ 　（ **ア　イ　ウ** ）

2 ①〜④の音声を聞いて、読まれた英語に合う絵を**ア**〜**オ**の中から選びましょう。

(各7点)

ア　　**イ**　　**ウ**　　**エ**　　**オ**

①		②		③		④	

3 左の単語の意味を表す日本語を線でつなぎましょう。

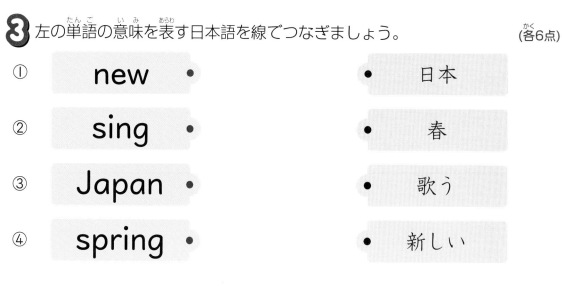

① new • • 日本

② sing • • 春

③ Japan • • 歌う

④ spring • • 新しい

4 絵と日本語の意味に合うように、□に文字を書きましょう。 (各6点)

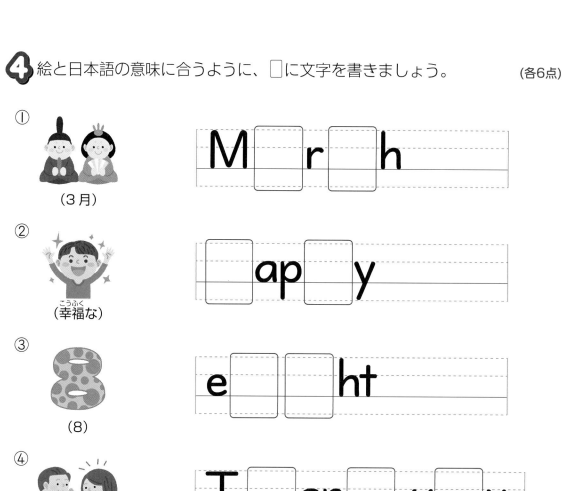

① （3月）　M□r□h

② （幸福な）　□ap□y

③ （8）　e□□ht

④ （ありがとう。）　T□an□y□u.

答え 英単語

👑 3 生きもの(1) p.6

【解答】

①dog ②fish ③lion

👑 4 生きもの(2) p.8

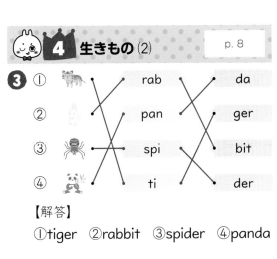

【解答】

①tiger ②rabbit ③spider ④panda

👑 5 スポーツ p.10

【解答】

①basketball ②soccer ③swimming
④tennis

👑 6 色 p.12

👑 7 からだ p.14

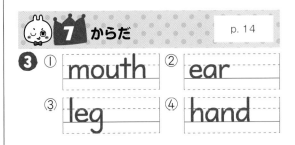

👑 8 まとめのテスト1 p.15〜16

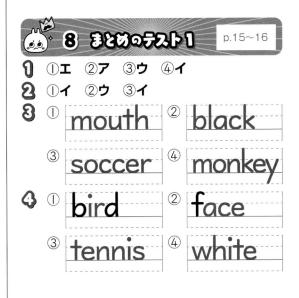

1 ①エ ②ア ③ウ ④イ
2 ①イ ②ウ ③イ
3 ① mouth ② black
  ③ soccer ④ monkey
4 ① bird ② face
  ③ tennis ④ white

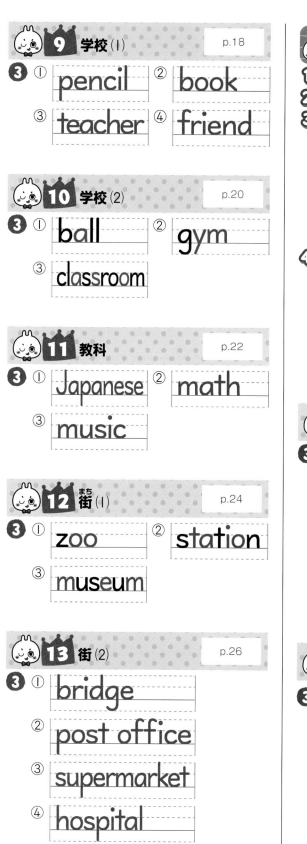

9 学校(1) p.18

❸ ① pencil ② book
③ teacher ④ friend

10 学校(2) p.20

❸ ① ball ② gym
③ classroom

11 教科 p.22

❸ ① Japanese ② math
③ music

12 街(1) p.24

❸ ① zoo ② station
③ museum

13 街(2) p.26

❸ ① bridge
② post office
③ supermarket
④ hospital

14 まとめのテスト2 p.27〜28

❶ ①ア ②ウ ③イ
❷ ①エ ②ア ③オ ④イ
❸ ① P.E. — 体育
② bridge — 橋
③ library — 図書館
④ teacher — 先生、教師

【解答】
①体育 ②橋 ③図書館 ④先生、教師

❹ ① zoo ② music
③ friend ④ school
⑤ park ⑥ math

15 野菜 p.30

❸
c	o	r	n	t	d
a	v	q	f	o	i
k	u	l	b	m	s
w	g	u	e	a	h
p	o	t	a	t	o
j	e	r	n	o	l

【解答】
①bean ②potato ③tomato

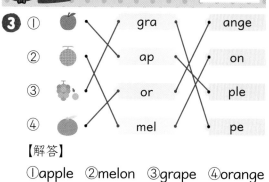

16 果物 p.32

❸ ① gra — ange
② ap — on
③ or — ple
④ mel — pe

【解答】
①apple ②melon ③grape ④orange

92

17 食事／飲み物(1) p.34

❸ ① pizza ② salad
③ soup

18 食事／飲み物(2) p.36

❸ ① tea ② cake
③ coffee

19 自然 p.38

❸

【解答】
①camping ②lake ③river ④beach

20 まとめのテスト3 p.39〜40

❶ ①エ ②ア ③ウ ④オ
❷ ①イ ②ア ③イ
❸ ① soup ② peach
③ hiking ④ grape
❹ ① cake ② apple
③ river ④ orange

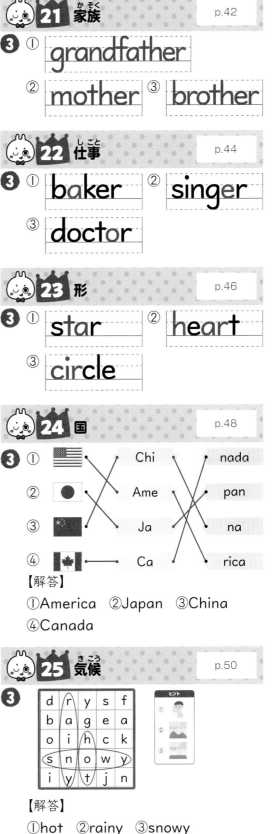

21 家族 p.42

❸ ① grandfather
② mother ③ brother

22 仕事 p.44

❸ ① baker ② singer
③ doctor

23 形 p.46

❸ ① star ② heart
③ circle

24 国 p.48

❸ ① ② ③ ④

【解答】
①America ②Japan ③China
④Canada

25 気候 p.50

❸

【解答】
①hot ②rainy ③snowy

93

26 まとめのテスト4　p.51〜52

1 ①エ　②ア　③ウ　④イ
2 ①イ　②ウ　③ア
3 ① star　② sunny　③ mother　④ singer
4 ① Spain　② cloudy　③ doctor　④ father

27 曜日　p.54

3 ① Sunday　② Friday　③ Thursday　④ week

28 月／季節(1)　p.56

3 ① June　② March　③ August

29 月／季節(2)　p.58

3
① 🍉 ― mer
② ⛄ ― ter
③ 🎃 ― ber
④ 🌳 ― ring

win / ring
sum / ber
sp / mer
Octo / ter

【解答】
①summer　②winter
③October　④spring

30 気持ち／様子　p.60

3
```
      ① t
   n i c e
  ②→ r
  s l e e p y
     d
  ③→
```
ヒント
① つかれた
② すてきな
③ ねむい

【解答】
①tired　②nice　③sleepy

31 性質／状態　p.62

3 ① new　② long　③ short

32 まとめのテスト5　p.63〜64

1 ①ウ　②ア　③イ
2 ①オ　②イ　③ア　④ウ
3 ① nice　② happy　③ short　④ Friday
4 ① spring　② good　③ December

33 動作(1)　p.66

3
```
    ①      ③
②→ w      e
 h a v e
   n      a
   t      t
```
ヒント
① 欲しい
② 持つ
③ 食べる

【解答】
①want　②have　③eat

34 動作(2)　p.68

❸
r u n d t
s p e a k
i a j n b
n k u c a
g o f e p

ヒント

【解答】
①sing　②dance　③speak

35 一日の生活ですること　p.70

❸
① 　　　wake　　home
② 　　　go　　　TV
③ 　　　watch　　up

【解答】
①watch TV　②wake up　③go home

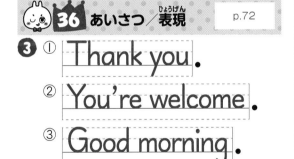

36 あいさつ／表現　p.72

❸
① Thank you.
② You're welcome.
③ Good morning.

37 まとめのテスト6　p.73～74

1 ①ア　②エ　③イ　④ウ
2 ①ウ　②イ　③ウ
3
① go　school
② do　③ watch
④ take　bath

4
① run　② want
③ Thank you.

38 数(1)　p.76

❸
① five　② seven
③ three

39 数(2)　p.78

❸
① twenty　② fifteen
③ eleven

40 数(3)　p.80

❸
① thirty　② seventy
③ one thousand

41 順番(1)　p.82

❸
① ninth　　　2番目
② fifth　　　4番目
③ fourth　　9番目
④ first　　　5番目
⑤ second　　1番目

【解答】
①9番目　②5番目　③4番目　④1番目
⑤2番目

3

①twenty → tieth
②thir → -first (with crossing lines)

【解答】

①thirtieth　②twelfth　③fifteenth
④twenty-first

---

43 まとめのテスト7　p.85〜86

1 ①イ　②ア　③ア　④ウ
2 ①イ　②ア　③オ　④ウ
3
① three　② eight
③ seventeen　④ forty
4
① third　② fourth
③ first　④ second

---

44 しあげのテスト1　p.87〜88

1 ①オ　②ウ　③ア　④エ
2 ①イ　②ウ　③イ
3
① milk　② beach
③ music　④ orange

4

①r u l e r
②f r i e n d
③e y e
④d e s k
⑤c a k e

【解答】

①ruler　②friend　③eye
④desk　⑤cake

考え方

②「友人、友だち」friend［フ**レ**ンド］は、［レ］
を rie と書きます。

---

45 しあげのテスト2　p.89〜90

1 ①イ　②イ　③ウ　④ア

考え方

①doctor「医者」は［**ダ**（ー）クタァ］と読みます。
［タァ］の音が似ている sister［**ス**ィスタァ］
は、「姉、妹」という意味。

2 ①エ　②ア　③ウ　④オ

3

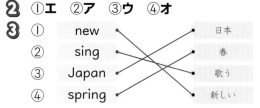

① new
② sing
③ Japan
④ spring

日本
春
歌う
新しい

【解答】

①新しい　②歌う　③日本　④春

4

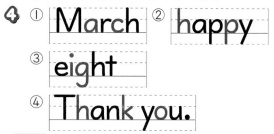

① March　② happy
③ eight
④ Thank you.

考え方

①「3月」March［**マ**ーチ］は、［アー］を ar
と書きます。
②「幸福な」happy［**ハ**ピィ］は、p を2つ
続けて書きます。